Leaf art 1

Tomomi Moriya

Opus Majus

2

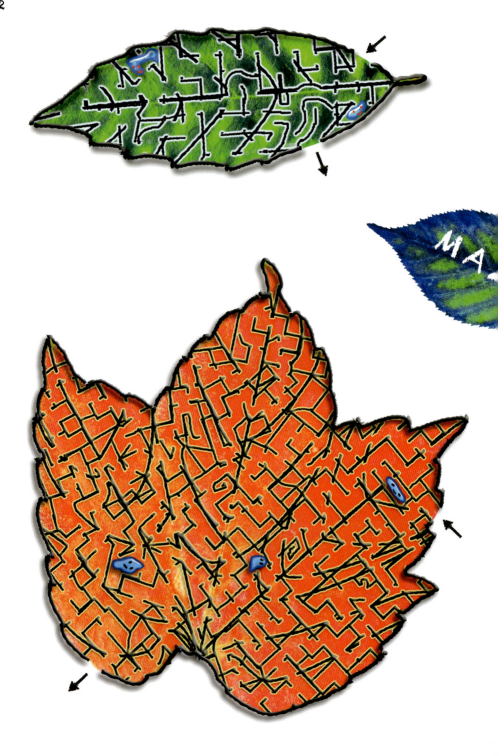

13

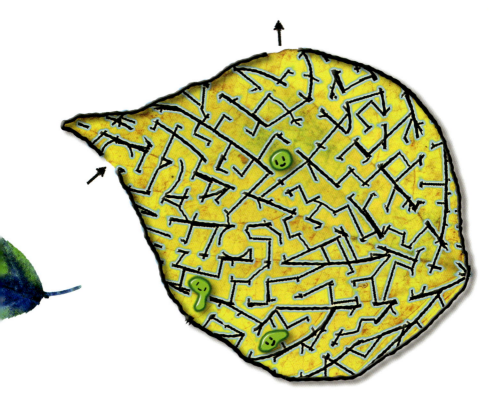

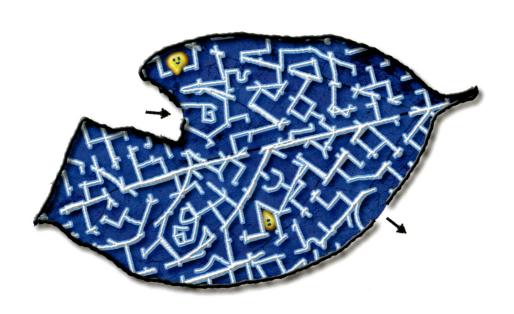

著者
森谷　朋未（Tomomi Moriya）

Opus Majus 代表・編集長 / 絵本作家
著書『多くの一人』『流れる痕跡』

Leaf art 1

2015 年 5 月 20 日　第 1 刷発行
著　者　森谷　朋未
発行者　森谷　朋未
発行所　Opus Majus
Ｈ　Ｐ　http://opusmajus.com/
印　刷　株式会社　プリントパック

本書の無断複写は著作権法上での例外を除き禁じられています。
購入者以外の第三者による本書のいかなる電子複製も一切認められておりません。

©Opus Majus 2015 Printed in Japan
ISBN978-4-905520-07-8 C0771 ¥550E
落丁・乱丁はお取替えします。